MANUAL DEL
buen ecologista

LIBSA

© 2020, Editorial LIBSA, S.A.
C/ San Rafael, 4 bis, local 18
28108 Alcobendas (Madrid)
Tel.: (34) 91 657 25 80
Fax: (34) 91 657 25 83
e-mail: libsa@libsa.es
www.libsa.es

Colaboración en textos: Belén Jacoba Martín
Ilustración: Archivo LIBSA, Shutterstock images
Edición y maquetación: Equipo editorial LIBSA

ISBN: 978-84-662-2784-1

Aprende a cuidar el planeta

MI CIUDAD ES VERDE

MI CASA ES VERDE

YO SOY VERDE

La Tierra está en peligro

Y puede ser peor si no lo paramos

Los seres humanos ponen en peligro el planeta para asegurarse de que ellos viven más tiempo y mejor. Hemos ido modificando la Naturaleza según nuestras necesidades hasta casi acabar con ella.

La contaminación

El aire, el agua y el suelo están llenos de sustancias dañinas para los seres vivos. Las basuras, los humos, los combustibles, los pesticidas y los fertilizantes dañan los tres elementos que son imprescindibles para que podamos vivir: el suelo, el aire y el agua.

El suelo

El suelo se contamina por los fertilizantes y pesticidas que se emplean para tener mejores cosechas, porque las lluvias y el riego arrastran estas sustancias perjudiciales a los ríos y al mar, contaminándolos también.

El aire

La contaminación del aire se debe a humos, gases y otras sustancias tóxicas que flotan en él y hacen que se destruya la capa de ozono que envuelve la Tierra y nos protege de los rayos perjudiciales del sol. Estos gases entran en nuestro planeta y hacen que se caliente cada día más, provocando el efecto invernadero.

HUELLA ECOLÓGICA

Todos dejamos en el planeta una huella ecológica, que es la unidad que usamos para medir nuestro impacto en el medio ambiente; su tamaño depende de ti, de lo que hagas para cuidar o destruir un poco más nuestro planeta.

¿Y qué pasa con el agua?

Los residuos que se echan a las aguas de ríos y mares que vienen de las industrias son un veneno para los seres vivos que habitan en ellas y muchos de ellos mueren. Además, muchos ríos y mares parecen basureros, porque las corrientes van arrastrando los residuos que encuentran y ponen en peligro a los animales y plantas.

MI CIUDAD ES VERDE

Así da gusto pasear

La cuidamos entre todos

Nos gusta que nuestra ciudad esté limpia: con flores, sin papeles por las aceras... Hay personas que trabajan en ello cada día, pero no solo hay que limpiar, ¡también hay que intentar no ensuciarla!

¡NO! PINTURA TÓXICA...

Pinturas o pintadas

En las ciudades existen lugares especiales para desarrollar el arte del grafiti, pero a veces hay pintadas que estropean los edificios, y además dañan al planeta, porque para limpiarlas hace falta mucha agua y productos químicos.

Una casa para todos

La ciudad es como la casa de todos, y también tiene muebles, así que no me subo a ellos y no los mancho, si lo hiciese se estropearían y habría que cambiarlos. ¡Qué de árboles cortados por no ser cuidadosos!

¡QUÉ PEGAJOSO!

¿Has pisado alguna vez un chicle? Seguro que te ha parecido pegajoso y has pensado que la persona lo tendría que haber envuelto en un papel y tirarlo a la papelera. ¡Tienes razón! El chicle tarda más de cinco años en desaparecer.

Quitando la sed

Después de jugar bebo agua de la fuente, ¡qué bien que hay muchas en la ciudad! Aunque solo las uso para beber y no juego con ellas. En el colegio nos explicaron que no hay que malgastarla, porque si no llueve, hay zonas del planeta que se quedarán desérticas.

¡NO ME TIRES AL SUELO!

La papelera que nunca se llena

Cada vez que ve a alguien tirando un papel al suelo mi madre dice bajito: «¡que la ciudad no es una papelera que nunca se llena!». Me explicó que la ciudad es de todos y hay que cuidarla, que cuando se tiran papeles al suelo estropeamos el planeta, por eso siempre los guardo hasta que encuentro una.

Quiero una mascota

Es un ser vivo, no un juguete

Los animales hacen compañía a las personas o pueden ser nuestros compañeros de juego; da igual que sea un perro, un gato, o un hámster: cuidar de ellos es cuidar el planeta.

¿Exótico?

En algunas tiendas venden geckos, peces payasos e iguanas. Pero... ¿de dónde vienen? ¿Serán felices en mi casa? Es difícil poder recrear su hábitat natural en un entorno artificial, ¡es mejor elegir otra mascota!

En libertad, mejor

Hay animales que solo pueden vivir en libertad y que, además, están en peligro de extinción porque quedan muy pocos ejemplares. Si les obligamos a vivir en una jaula desaparecerán.

¡MIRA QUÉ GATITO!

¿Puedo cuidarlo?

Antes de llevar una mascota a casa tengo que informarme de qué va a necesitar, cuál es su comida o si voy a tener tiempo para cuidarla. ¡No es un juguete, es un ser vivo!

 ### ¿Y SI ADOPTO?

Seguro que has oído hablar de las perreras, o de los refugios para animales, incluso has podido ver a grupos de personas de alguna asociación con animales. Cada año muchos abandonan a sus mascotas, y eso es muy cruel: es mejor recoger un animal abandonado, con nosotros seguro que vuelve a ser feliz.

¿ME ADOPTAS?

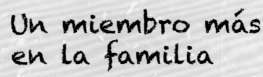

Un miembro más en la familia

Igual que en casa cada uno tiene unas tareas, lo mismo hacemos con el cuidado de nuestra mascota. Todos los miembros de la familia cuidamos de ella para mantener unas normas básicas de convivencia.

Una mascota educada

Haz que la ciudad esté más limpia

Cuidar a tu mascota no es una tarea sencilla, no basta con ponerle comida y sacarla de vez en cuando de paseo; es importante enseñarle cómo debe comportarse con otros animales y en casa.

Vamos al parque

Como necesita hacer ejercicio, llevamos a nuestro perro al parque, pero ¡solo lo soltamos en las zonas permitidas! Llevamos una bolsa para recoger sus excrementos y así ayudamos a mantener limpia la ciudad y evitar enfermedades infecciosas.

Con las manos limpias

Siempre me lavo las manos después de jugar con mi mascota. Los animales tienen bacterias y gérmenes que pueden pasar a los humanos.

¡Vamos a conocer nuevos lugares!

¿Y qué ocurre cuando nos vamos de viaje? Pues nos la podemos llevar, porque le ponen un microchip y buscamos sitios en los que sean bienvenidos los animales mientras respetamos las normas: la convivencia es otra forma de cuidar el planeta.

¿JUGAMOS?

GUAUUU

¡Ahí no puedes!

Cuando salimos de paseo con nuestra mascota no entramos en cualquier lugar, antes de hacerlo nos fijamos o preguntamos si son bienvenidas, si tienen bebederos o si ya hay otra mascota, por si pueden ser amigas. ¡La ciudad es muy grande y hay sitio para todos!

 ## UN PEQUEÑO PINCHAZO

¡NO LE DOLERÁ!

Los animales también se ponen malos y pueden transmitir enfermedades a los humanos. La mejor forma de evitarlo es previniéndolo, por ello hay que vacunar a las mascotas. Se ha comprobado que los animales vacunados no contraen enfermedades como el moquillo o la rabia.

Me gusta el parque

Un espacio más que cuidar

¡Qué tardes más divertidas se pasan en el parque! Es el lugar donde jugamos, estamos en contacto con las plantas, los animales y otros niños y niñas. Como es nuestro espacio, debemos ser responsables y cuidarlo, de la misma manera que cuidamos nuestra habitación.

Gira y gira

Me encanta subirme en los columpios, bajar por el tobogán, jugar en el balancín..., pero no lo hago cuando ya hay un niño, ¿y si se rompe? El parque es de todos y debemos cuidarlo. ¡No pasa nada por esperar!

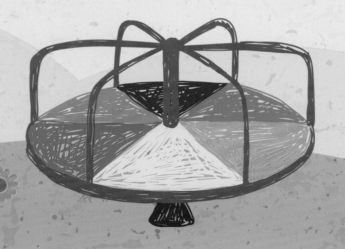

¡Mmm, cuántas flores!

Cuando llega la primavera el parque se llena de flores y los jardineros trabajan mucho para que esté cuidado y sano. Nosotros respetamos las zonas verdes y no las pisamos, ¡así durarán bonitas más tiempo!

BAJA EL VOLUMEN

En el parque siempre hay ruido: animales, niños, adultos que escuchan música...Tenemos que tener cuidado con el volumen de la voz y de los equipos de sonido, responsables de la contaminación acústica que perjudica a los árboles del parque y a los pájaros, ¡muchos de ellos ni se acercan!

No es por no compartir...

En el parque hay muchos pájaros y me gustaría darles un poco de pan, pero mi padre me explicó que si lo hago pueden ponerse malitos, ¡acuérdate y evítalo!

¡No me dejo nada!

Cada vez que voy al parque, antes de volver a casa, reviso que me llevo todos mis juguetes y que he tirado a la papelera los papeles y al contenedor de plástico las botellas de agua. Cuando vengan otros niños se lo encontrarán limpio.

Un huerto en mi ciudad

Cultivo mis alimentos

Las zonas verdes son muy importantes en las ciudades porque la hacen más agradable y generan oxígeno, pero ¿y si además nos proporcionasen frutas y verduras? Un huerto urbano ayuda mucho al planeta, ¡y a nosotros!

¿Qué es exactamente?

En el colegio nos contaron que un huerto urbano es un terreno que, bien preparado, sirve para cultivar todo tipo de plantas y verduras. La profesora nos dijo que para empezar podíamos plantar en una maceta.

¡TAMBIÉN PUEDO CRECER EN LA CIUDAD!

Elegir bien

¡Es muy divertido! Los encargados del huerto de mi ciudad nos han dicho que primero hay que elegir las plantas, pensar cada cuánto las voy a regar, cuánto sol les va a dar y la época del año en la que estamos: así las plantas crecerán bien.

¡Cómo llueve!

Cuando llueve salen muchos caracoles y babosas que se pueden comer mis plantas. Pero no quiero usar químicos y poner en peligro a los animales. Con un espray de agua y ajo evito usar pesticidas que perjudican el planeta.

¡ME GUSTA LA LLUVIA!

$$CO_2 = \text{DIÓXIDO DE CARBONO}$$

MÁS OXÍGENO

Los huertos urbanos ayudan a combatir los efectos del cambio climático y la contaminación: 1 m^2 de huerto puede generar el oxígeno que necesita una persona durante un año y absorber unos 50 gr diarios de dióxido de carbono.

Alimentos para las plantas

A las plantas les pasa como a mí, necesitan alimentos para poder crecer... ¡pero no les puedo dar un bocadillo! Mamá y yo guardamos en una botella de cristal el agua que queda cuando cuece las verduras: les sirve de alimento porque tiene sales minerales y ¡ahorramos agua!

Vamos a la compra

Y elegimos cuidar el planeta

Hacer la compra en el supermercado es muy cómodo; en él encontramos productos frescos y otros que podemos tener en casa mucho tiempo: alimentos, bebidas, ropa, ¡algunos son de otros países! Pero no todo lo que es cómodo es bueno para el planeta.

¿Necesita el envoltorio?

En la frutería compramos la lechuga directamente sin bolsas de plástico; pero cuando vamos al supermercado está envuelta y las dos saben igual. Si compramos alimentos sin envasar, ahorramos la energía que cuesta producir los envoltorios y reducimos la contaminación.

¿De dónde son?

En la pescadería hay carteles que dicen de dónde es cada pescado, ¡algunos vienen de muy lejos! Si compramos los de nuestra zona reduciremos el gasto de gasolina en el transporte y emitiremos menos dióxido de carbono. ¿Sabías que es una forma de evitar el efecto invernadero?

Otros envases son posibles

Hay productos, como el agua o los yogures, que solo se pueden comprar si están envasados, pero además de reciclar el envoltorio, lo reutilizo: puedo volver a llenar la botella y el yogur me puede servir de maceta. Además, si usamos el vidrio contaminaremos menos porque se recicla y se puede usar muchas veces.

KILÓMETROS DE ALIMENTOS

La distancia que recorren los alimentos no solo daña al planeta por el combustible que se necesita para transportarlos, también hace que la comida esté menos fresca, por lo que pierde vitaminas y nutrientes.

¿Y cómo lo llevamos a casa?

Cuando vamos a hacer la compra no llevamos bolsas de plástico ni las compramos; si no tenemos que cargar mucho, llevamos nuestras bolsas de tela. Son igual de resistentes y los animales del mar te lo agradecerán.

MI CASA ES VERDE

Hoy toca limpieza

En un entorno limpio da gusto estar

Todos los días te lavas las manos y los dientes y pones la ropa sucia en un cesto. Y seguro que también te gusta tener tu casa limpia y recogida, ¿pero sabes qué productos la limpian sin ensuciar el planeta?

Productos naturales

Papá se encarga siempre de limpiar el baño, y se ha inventado un nuevo producto natural. Para ello ha exprimido dos limones de la nevera y los ha mezclado con agua. ¡Los azulejos han quedado muy brillantes!

Fuera bacterias

La humedad genera muchas bacterias y hace que algunas zonas de los azulejos se pongan negras. En casa usamos un poco de bórax, que es muy poco tóxico y quedan muy blancas. ¡Qué fácil es limpiar sin químicos!

Ropa limpia

Ayudo en casa a poner la lavadora y siempre es mejor llenarla porque así gastamos menos agua y energía. Cuando sacamos la ropa la ponemos a secar al sol, no usamos la secadora: es mucho mejor emplear la energía del sol y el aire, que es 100% natural.

 SIN QUÍMICOS

Cuando empleamos detergentes, tenemos que tener en cuenta que muchos tardan décadas en desaparecer; además van a parar a los ríos y mares, y hacen que crezcan algas que no son buenas para el medio ambiente, por eso es mejor usar productos naturales.

Fregar de forma ecológica

Para ahorrar agua mis padres ponen el lavavajillas completo y antes echan los restos de comida a la basura en su cubo correspondiente. Limpian las ollas y las sartenes con agua caliente, y yo les ayudo a secarlas.

No lo pongas en espera

Si no lo empleas, es mejor que lo apagues

En casa hay muchos aparatos que están siempre conectados, aunque no los estemos usando: la televisión, el módem o los calefactores. La corriente pasa constantemente a través de ellos y malgastan energía.

Una segunda oportunidad

Mis padres tienen una colección de CD y DVD, que usaban antes para ver películas y escuchar música. No han querido tirarlos, así que ahora tenemos una cortina muy original y hemos colgado algunos para que no se acerquen los pájaros a nuestro huerto.

Desconecto

Cuando dejo de jugar con mi consola la dejo en «stand by». Pero cuesta muy poco darle al botón de apagado y así gastar menos energía, por lo que el planeta se va a calentar un poco menos. Haré lo mismo con todos los aparatos de casa, eso sí, ¡siempre con cuidado!

HAY QUE APAGARLOS

APAGA EL MONITOR

Es fácil que te acuerdes de apagar el ordenador, pero es raro que hagas lo mismo con el monitor, ¡y sigue gastando energía! Se calcula que podrías comprar un cuento con la energía que malgastas al tener todo el día encendida la pantalla.

Pilas gastadas, ¿qué hago con ellas?

El mando de la televisión no funciona porque se le han gastado las pilas... En mi ciudad hay lugares especiales para depositarlas cuando ya no sirven, ¡son muy contaminantes!

¿Y el cargador?

En casa siempre están buscando su cargador del móvil. Suelen dejarlo conectado en algún enchufe, gastando energía. ¿Y si compramos un cargador solar? Como es más grande sabrán donde está y ¡también será más ecológico!

No malgastes el agua

El agua es vida, ¡cuídala!

Si miras un globo terráqueo ves que hay muchas partes de color azul, y sabes que eso es agua, y ¡ocupa mucho más que la tierra! Pero no por eso hay que derrocharla, todo lo contrario.

Mejor a máquina

Antes pensaba que al poner el lavavajillas se gastaba mucha agua, pero es mejor para el planeta usarlo, y a carga completa, así reduzco el consumo de agua.

Más aire, menos agua

En casa hemos comprado un «aireador» para el grifo de la cocina. Lo que hace es juntar agua y aire y así parece que moja lo mismo, que sale la misma cantidad de agua y con la misma presión, pero gasta la mitad. ¡Vamos a instalarlo también en el baño!

Menos agua

Mientras me lavo los dientes cierro el grifo del agua, y también intento tirar menos de la cadena. He escuchado en el colegio que existe un váter con sistema de ahorro de agua; y tú, ¿lo conoces?

AGUA CONTAMINADA

Cuando acabas de ducharte, aparte de haber consumido unos 35 litros de agua, la has contaminado, sin querer, de grasa y suciedad que acabará en el río y en el mar. Es mejor que uses productos ecológicos y libres de cloro.

¡NO ME ENSUCIÉIS! SI ME CONTAMINO, LOS ANIMALES ENFERMARÁN

¡A la ducha!

Ducharse gasta mucha menos agua que bañarse, además de que es más rápido. Cuando me enjabono cierro el grifo y vuelvo a abrirlo para aclararme. ¡Lo mismo hago cuando me lavo las manos!

Apaga la luz

No es necesario verlo todo con luz extra

Paseas por la ciudad y todo está lleno de luces: los escaparates, las farolas, algunos portales, si es Navidad ponen decoraciones luminosas... Debemos usar la energía de manera más razonable. Pero, ¿y qué hacemos en casa?

Consumo inevitable

En casa tenemos dos aparatos que siempre están encendidos: el frigorífico y el congelador. ¿Sabías que tienen unos refrigerantes que son causantes del efecto invernadero? Si los descongelamos de vez en cuando, funcionarán mejor y emitiremos menos gases.

¡DESCONGÉLAME DE VEZ EN CUANDO!

¿Y si me abrigo más?

Si en casa nos ponemos un jersey, dormimos con un edredón nórdico o usamos una manta, podemos bajar la calefacción: estaremos igual de calentitos, ¡pero la Tierra algo menos!

¡Tocan cambios!

Poco a poco en casa hemos cambiado las bombillas, antes tenían unos hilos que se calentaban: ¡sí que debían gastar energía! Ahora hay unas que mamá llama LED, aunque papá dice que son mejores las CFL (bombillas de luz fluorescente compacta). Lo importante es que ahorran energía y consumen menos.

 ## ¿QUÉ HACEMOS CUANDO SE GASTAN?

Las bombillas fluorescentes y LED contienen en su interior pequeñas cantidades de mercurio; por eso es necesario depositarlas en un punto limpio. ¿Sabías que el reciclado del vidrio de una sola lámpara evita la emisión de 10 kg de dióxido de carbono a la atmósfera?

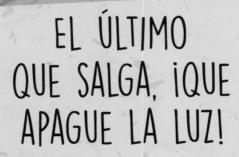

EL ÚLTIMO QUE SALGA, ¡QUE APAGUE LA LUZ!

 ## Para todos

Este es el cartel que colgó mi padre en el salón. No cuesta nada hacerlo y así gastamos menos energía. ¡Hay muchísimos gestos sencillos que todos podemos hacer en casa!

¡Todos a la mesa!

Es un espacio de encuentro

Lo haces a diario e igual no te parece especial, pero comer todos juntos es un buen hábito, no solo porque alimentarte bien te hará crecer fuerte y sano, sino también porque compartirás más momentos con la familia.

¿QUIÉN QUIERE REPETIR?

¡Me encanta la leche!

Todas las mañanas me bebo un gran tazón de leche fresca con deliciosos cereales. Mi madre me dijo que viene de una granja cercana y que la compra de esos productos ayuda a cuidar el medio ambiente y a los pequeños agricultores.

LECHE

ÑAM

¿Qué hago con el aceite?

Aunque muy pocas veces comemos alimentos fritos, mi madre siempre hace esta pregunta. Y mi padre responde: «Lo echamos en un bote y lo llevamos a reciclar»; si lo tiramos por el fregadero se contamina el agua, y podemos atascar las tuberías.

¿ ¿ ?

Cacerolas y fuegos

Cuando cocinan, mis padres ponen las cacerolas en fuegos que tienen su mismo tamaño, para ahorrar energía, y siempre apagan el fuego un poco antes. Dicen que el calor residual acaba de cocinar los alimentos una vez apagado.

¡la hora de merendar!

Hay días que quiero merendar rápido y ponerme a jugar y me apetece un pastel, pero mis padres me hacen un bocadillo o me dan una pieza de fruta; prefieren que coma alimentos frescos, ¡es mejor para mi salud y para el planeta!

SOY MUUUUY DULCE

QUÉ VACA MÁS LINDA

Para ayudar al planeta no te tienes que hacer vegetariano, pero sí es bueno que comas menos carne: los excrementos del ganado y los fertilizantes que se emplean para los cultivos de su comida contaminan la tierra, el agua y el aire, dañando a los ecosistemas.

Recicla la basura

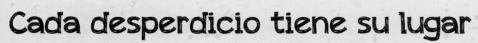

Cada desperdicio tiene su lugar

Reciclar en casa es bueno para el medio ambiente, porque con ello generamos menos basura, reducimos la contaminación y ahorramos energía. También usamos menos materias primas, pues muchas de ellas no son renovables y en algún momento se agotarán.

El cubo marrón

En él solo tiramos restos orgánicos (huesos, cáscaras de fruta, los posos del café y del té...), las servilletas de papel usadas y los corchos. ¿Y qué hago con los algodones y las toallitas húmedas? ¡Podemos poner otro cubo en el baño!

RESIDUOS ORGÁNICOS

VIDRIO

El cubo verde

Es el cubo en el que ponemos el cristal (botellas, envases), pero no los tapones, porque están hechos con otros materiales, como metal o plástico. Cuando lo tiro, tengo mucho cuidado de que no se rompan y pueda cortarme.

El cubo amarillo

En él reciclamos los plásticos y se llena enseguida por la cantidad de envoltorios que consumimos. Para gastar menos bolsas aplasto las latas y las botellas antes de meterlas, así ocupan menos espacio.

PLÁSTICO

🌿 CADA VEZ MÁS FÁCIL

Reciclamos solo un 25 % de los desperdicios que generamos, aunque en las ciudades hay cada vez más puntos limpios fijos y móviles a los que se pueden llevar baterías, pinturas, aceites, aparatos eléctricos... Con los residuos orgánicos, por ejemplo, se puede generar compost, un abono natural para las plantas.

El cubo azul

También puede ser una bolsa de papel, pero en casa tenemos un cubo azul como el contenedor que hay en la calle en el que tiramos el papel, los periódicos, las revistas, los cartones... Siempre revisamos que no haya trozos de metal, como clips y grapas.

PAPEL

YO SOY VERDE

Cuido mi material del colegio

¡Tiene que durarme para aprender mucho!

Para aprender, además de las ganas hacen falta bolígrafos, lápices de colores, libros, papeles... Todos ellos tienen un poquito de la Naturaleza y cuidar estos materiales es lo mismo que proteger el planeta.

Reciclo el papel

En mi habitación tengo una caja con papel ya usado para mis dibujos, así no tenemos que comprar papel nuevo y lo reutilizo, porque pintaré por el lado que no está escrito. Cuando termino y ya no los quiero guardar, los llevo al cubo de papel reciclado.

Rotuladores que siempre pintan

Tengo una caja llena de rotuladores, pero a veces se secan porque no los cierro bien. Me he propuesto cerrarlos siempre, así no se secará la tinta y me durarán mucho tiempo, aunque mi hermano mete la punta en agua un rato y luego los deja secar: ¡quedan como nuevos!

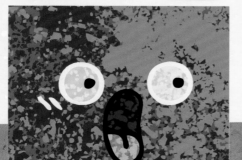

Lápices sin madera

Mis lápices favoritos están hechos con madera reciclada. No noto la diferencia con los otros, mis dibujos quedan igual de bonitos, ¡pero el planeta sí! Con este gesto evitamos la tala de muchos árboles.

PAPEL RECICLADO

Aunque el papel sea biodegradable es mejor comprar papel reciclado. En una tonelada de papel estaremos ahorrando energía para calentar tu casa durante 6 meses y ¡más de 30.000 litros de agua!

¿Y TÚ? ¿CÓMO LO CUIDAS?

¡Están en peligro!

Pero podemos evitar que desaparezcan

Hemos alterado mucho la Naturaleza, por eso hemos puesto en peligro a muchos animales y plantas, pero en clase hemos aprendido cómo hemos vuelto a cuidar su espacio y estamos trabajando para que esto no ocurra.

ANIMALES DEL MAR

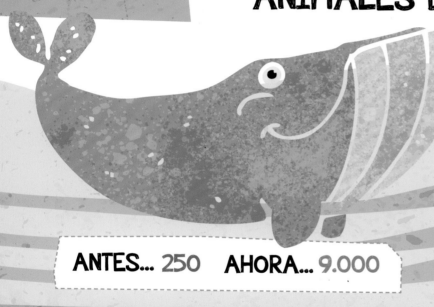

ANTES... 250   AHORA... 9.000

ANTES... 85
AHORA... 2.100

Ballena azul

El profesor nos ha explicado que está en peligro porque durante años la cazaban, hasta que los países se pusieron de acuerdo y decidieron dejar de hacerlo. ¡Ahora cada día hay más!

Foca monje

Es un animal único ¡que también está amenazado! Hemos modificado mucho el lugar en el que vive y le cuesta sobrevivir. Aún así se han creado espacios para ella y poco a poco consigue vivir alejada de todo peligro.

UN MAR DE PLÁSTICO

Cuando no depositamos los plásticos en el contenedor amarillo, pueden acabar en el mar y poner en peligro a muchos animales. Hay estudios que calculan que el 90 % de las aves marinas han ingerido algún tipo de plástico.

ANIMALES TERRESTRES

ANTES... 42.000   AHORA... 50.000

ANTES... 1.000
AHORA... 2.000

Oso panda

También puede desaparecer, porque se alimenta de bambú y cada vez hay menos. En China, que es donde vive, protegen los bosques de bambú para asegurarle el alimento.

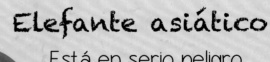

Elefante asiático

Está en serio peligro porque el hombre lo utiliza para transportar cosas e incluso antes lo podíamos ver en el circo. Menos mal que cada vez está más protegido y así su número de ejemplares va aumentando.

Mi armario ecológico

Tu ropa también cuenta

La ropa nos protege del frío en el invierno, pero también de los rayos del sol durante el verano, por los diferentes tejidos de cada prenda. ¡Si ponemos un poco de atención podremos cuidar el medio ambiente!

¡Cuántos colores!

Mi ropa tiene muchos colores: azul, amarillo, rojo... ¿Cómo se conseguirán? En un libro dice que con tintes, pero son dañinos para el medio ambiente. Pero si pone «tinte natural» eso quiere decir que vienen de la Naturaleza, ¡sin químicos mucho mejor!

REGALARÉ LO QUE NO USE...

Miro la etiqueta

En la etiqueta de mi camiseta pone «algodón 100 ⁒» pero mis padres me han contado que lo mejor es que estén hechas con algodón ecológico porque no se usan pesticidas en su fabricación.

Así se lavan

Las etiquetas de la ropa tienen muchos dibujos: una lavadora, una plancha, un cubo con una mano... Si lavamos con agua muy caliente se gasta mucha energía, es mejor usar un programa de 30 ºC. ¡Mira cada símbolo y aprende a leerlas!

ETIQUETA

	LEJÍA	LAVAR	PLANCHAR	SECADORA
SÍ		30º		
	SIN CLORO	A MANO	TEMPERATURA MEDIA	PROGRAMA DELICADO
NO				

Hecho en...

En mi ropa también hay una etiqueta que pone «Made in», o «Hecho en», y el nombre del país donde se ha fabricado. ¡Fíjate bien de dónde es! Porque no todos los lugares cuidan el planeta de la misma forma.

 100% ALGODÓN

PLANTACIONES DE ALGODÓN

Casi la mitad de los tejidos que nos ponemos son de algodón y hay muchos países que emplean sus tierras en cultivar estas plantas en lugar de comida. Además, para que crezcan bien, usan el 10 % de pesticidas agrícolas, contaminando el agua y atacando a seres vivos que no son peligrosos para las plantas.

Día de rastrillo

Todo merece una segunda oportunidad

En ocasiones tenemos objetos que no empleamos, pero no es necesario tirarlos, se les puede dar una segunda oportunidad vendiéndolos o donándolos. Una forma muy divertida de hacerlo es con un rastrillo: ¡reciclamos y nos relacionamos!

¡QUÉ BONITO!

En grupo mucho mejor

Un grupo de amigos y vecinos hacemos un rastrillo donde intercambiamos o vendemos objetos que ya no usamos. Solemos hacerlo el primer domingo de cada mes y si hace buen tiempo, mejor, ¡viene más gente!

Cuidando la ropa

Antes de poner a la venta cualquier cosa la ordenamos y clasificamos. Si hay alguna que está un poco estropeada o rota, lo ponemos en la etiqueta y le bajamos el precio. Además, con ayuda de mamá lavamos y planchamos la ropa antes venderla.

Manualidades muy variadas

Hacemos manualidades con material reciclado para venderlas: las latas se convierten en portalápices, los rollos de papel higiénico en un cohete... ¡A la gente le encanta la cantidad de cosas que se pueden hacer!

BASURA ELECTRÓNICA

Todos los años tiramos muchos móviles, ordenadores y cargadores a la basura. Tantos, que pesan 65,4 millones de toneladas, lo que equivale a 11 veces al peso de la Gran Pirámide de Guiza, ¡increíble!

¡Hoy hay rastrillo!

Es importante hacer un cartel con el nombre del grupo, el día y el lugar en el que realizamos el rastrillo. Lo ponemos en el centro cultural del barrio, en el mercado y el colegio. Los mayores lo comparten en sus redes sociales, ¡así llega a más personas!

¡CUÁNTAS COSAS REUTILIZABLES!

¿Un poco de ejercicio?

Doble gasto de energía

Hacer ejercicio es muy bueno para la salud, hace que conozcamos a otras personas y que vayamos menos al médico, pero no podemos olvidarnos de que mientras hacemos algún deporte también tenemos que cuidar el medio ambiente.

Calentamiento

Antes de empezar a hacer ejercicio tenemos que calentar un poco, pero es mejor hacerlo al aire libre, por eso voy andando o en bicicleta. Es genial la idea: además de calentar cuido el planeta, porque ayudo a que haya menos dióxido de carbono en la atmósfera.

Me hidrato

Mi profesora dice que es muy importante beber agua cuando se hace ejercicio, ¡debe serlo porque en el gimnasio hay un montón de máquinas que la venden! Yo prefiero llevarla de casa, en una botella que relleno con agua del grifo. ¡Así reduzco los plásticos y el consumo de agua!

Al aire libre es mejor

Mi familia, mis amigos y yo practicamos ejercicios que podemos hacer al aire libre: fútbol, tenis, atletismo... Quedamos a primera hora de la tarde o por las mañanas y, además de pasarlo bien, solo gastamos nuestra energía, ¡no la de la luz!

GASTO DE ENERGÍA

Se ha comprobado que en un gimnasio se gasta mucha energía haciendo ejercicio, pero más se gasta en mantener sus instalaciones: las luces, la limpieza, las fuentes de agua, la calefacción... la actividad al aire libre es una gran alternativa.

¡UN PLAN MUY SALUDABLE!

Deportes verdes

Los fines de semana nos gusta salir a caminar y si hace buen tiempo hacemos senderismo para conocer nuevos parajes naturales. Aprendemos cómo son los árboles del lugar, recolectamos los frutos secos que nos encontramos y observamos en silencio a los animales, ¡pueden asustarse!

Un cumpleaños verde

Porque no todas las fiestas son iguales

Nos gusta celebrar el cumpleaños en un sitio al aire libre rodeados de Naturaleza y con nuestros amigos. Es una fiesta muy especial porque consumimos menos luz y generamos menos basura.

Juegos en la Naturaleza

Disfrutamos con divertidos juegos en el campo, como el escondite o el juego de la cuerda. También hacemos equipos y saltamos obstáculos o hacemos manualidades con las cosas que hay en el campo.

¡UNA FIESTA MARAVILLOSA!

LLEVAMOS UN MANTEL DE TELA

Batidos de frutas

Mamá prepara postres caseros, batidos y bebidas de frutas variadas, ¡nos gustan más que los refrescos que tienen gas y así evitamos usar latas!

LOS GLOBOS NO SUBEN AL CIELO...

Los globos son de plástico y tardan hasta 450 años en desintegrarse por completo. Además, no van al cielo sino que van al mar contaminando sus aguas. Para decorar tu fiesta, haz banderines con papel de periódico o de revista.

¡Nada de basura!

Llevamos un cubo de basura y reciclamos todos los residuos que sobran. No usamos ni vasos ni platos de plástico desechables porque son muy contaminantes, y los llevamos de vuelta a casa. Con el agua sobrante, ¡regamos las plantas!

Regalos ecológicos

Cada invitado puede llevar un regalo hecho por él con materiales reciclados y usando su imaginación. Si alguien olvidó traerlo, puede recolectar un precioso ramo de flores.

41

Porque si cuidamos la Tierra...

... viviremos más y mejor

Hemos dañado el planeta, pero también nos estamos preocupando por salvarlo. Todos sus habitantes sabemos que tenemos que cuidarlo y protegerlo más, porque es el lugar en el que vivimos.

Menos contaminación

Las industrias se responsabilizan y limpian sus residuos antes de expulsarlos al aire y al agua, y en casa también ayudamos: usamos el transporte público, evitamos los productos químicos o vamos más abrigados para no poner la calefacción.

Más oxígeno

Las plantas generan oxígeno, que es muy bueno para que el planeta no se siga calentando, por eso es importante protegerlas, cuidarlas y plantar cada día más. Por ello la reforestación es fundamental para cuidar el ecosistema.

¡No se acaban!

La tierra tiene mucha agua, todos los días sale el sol, hay días que llueve y otros en los que el viento sopla con fuerza, ¡y nunca va a dejar de hacerlo! Nosotros ya nos hemos apuntado a usar estas energías: la ropa la secamos al sol y utilizamos el agua de lluvia para regar las plantas.

ENERGÍA DE LA TIERRA

Podemos aprovechar el propio calor que hay en el interior de la tierra, se llama energía geotérmica, y con ella se pueden calentar hasta el 95 % de la casas de Reikiavik, la capital de Islandia, uno de los lugares más fríos del planeta.

Zonas protegidas

Este verano iré con mis padres a un parque natural en el que viven animales y plantas que están en peligro. Allí hay personas que las cuidan y nos las enseñan. ¡Estoy seguro de que aprenderé muchas cosas!

¡QUÉ SITIO TAN BONITO!

Colaboro con el planeta

Con mis acciones diarias puedo ayudar a salvar la Tierra:

USO EL TRANSPORTE PÚBLICO Y BICICLETA

SEPARO LA BASURA PARA QUE SEA MÁS FÁCIL RECICLAR

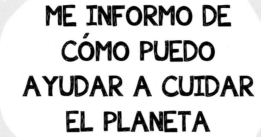

ME INFORMO DE CÓMO PUEDO AYUDAR A CUIDAR EL PLANETA

ELIJO MI MASCOTA: NO ES UNA ESPECIE PROTEGIDA

RESPETO LAS PLANTAS Y LOS ANIMALES QUE ME RODEAN

AYUDO EN CAMPAÑAS DE REFORESTACIÓN

NO DESPERDICIO EL AGUA POTABLE

EMPLEO PRODUCTOS QUE NO DAÑAN EL MEDIO AMBIENTE

HAGO MANUALIDADES CON OBJETOS QUE NO USO

APROVECHO AL MÁXIMO EL PAPEL